030
다시올시선

환한 말

신현복

030
다시올시선

환한 말

신현복

다시올

(동미집 뒷산에서)

나도
이 억새처럼
남은 생(生)만이라도
바람과 구름과 햇빛을 순하게
그러나 꿋꿋하게 맞으며
살았으면
싶다

2018. 11.

신현복

■ 차례 ■

1부
환한 말

2부
민증까자

3부
향일암에서

4부
천근성 나무

작품해설
공 광 규 시인

제1부
환한 말

– 반짝반짝
말들이 참 환해요

청포도

저리

조그마한 가슴으로도

한 계절 치의 바람과 구름과 햇빛을

모두 다

담을 수 있구나

운수 좋은 날

중식당에서 짬뽕 먹을까
짬뽕밥 먹을까 고민하다가
짬뽕밥을 주문했는데
짬뽕이 나온 거라
미안하다며 다시 해온다기에
괜찮다, 그냥 먹겠다 하니
서빙 아주머니 밥 한 공기 가져와서는
이건 공짜라고 너스레 떠는 거라
평소 짬뽕에 공깃밥 추가해 먹기도 하고
오늘은 뭘 먹을까 고민도 하였던 터
면이 좀 더 들어갔을 뿐 진배없는 짬뽕밥
주방장이 기분 좋아서
면을 듬뿍 넣었구나, 고맙게
맛있게 먹은 거라
밥 한 공기까지 다 말아 다 먹은 거라
부딪치는 눈빛이 다 웃는 거라
가슴까지 얼큰해지더이다
하여튼 오늘은 운 좋게
메뉴 하나 값으로 짬뽕도 먹고
짬뽕밥도 먹었으니
횡재한 거라

아줌마의 힘

훌라후프를 돌리기 시작하데요
점점 더 크고 굵은 것으로 돌리더니, 이젠
울퉁불퉁한 것을 돌리더라고요

갈고리처럼 생긴 나무뿌리 지압봉으로
등 쪽 손이 닿지 않는 곳까지 구석구석 지압합니다
그동안 괜히 소용없는 비싼 것을 썼다나요

편백나무로 만든 발바닥 지압대를
꽤 오래전부터 사용하는 것은 보았습니다
주방 앞 매트는 말할 것도 없고요

얼마 전부턴 TV 앞에서 훌라후프 돌리면서
발바닥 지압을 하며 동시에 등 지압까지 자연스레 하더라고요
드라마는 봐야 하고 TV 보는 시간은 아깝다나요

역시 대한민국 아줌마라고 놀리니 그 답 참 가관입니다
"날 위해 이러는 줄 아시냐고요, 다
나중에 짐 안 되려고 이러지요" 하며 웃네요

우리 집 아줌마 마음 씀씀이만큼은
여전히 아주 정말 날씬합니다, 참 이쁩니다
가장 소용없이 비싼 것은 나입니다

환한 말

하얗게
눈 쌓인 아침 공원
도란도란 걸어간 발자국
어깨 기대고 걸었을까
안쪽으로 깊이 기울기도 했고요
입맞춤하려다가 들켰을까
저만치 튕겨 나갔다 오기도 했네요
마주 보고 서 있기도 하고요
여기서부터는 업고 걸어갔는지
한 사람 발자국 보이지 않네요
설레는 가슴과 가슴 포개고
어떤 귓속말 속삭였을까
기댄 눈빛은 무엇을 약속했을까
삐뚤삐뚤한 행간을 읽는데요
반짝반짝 말들이 참
환해요

들풀

가스레인지 불꽃처럼
파르르 피어오르더니 금세 새파래졌다
저 푸른 화력으로 이제 머지않아
익는 냄새 세상 가득 봄꽃처럼 번지겠다
여름 아지랑이 김처럼 모락모락 피어오르고
늦가을 모과만큼 잘 익어 펄펄 끓어 넘치면, 저 불꽃
단풍으로 확 피어놀랐다가는 푹 사그라지고
둘러앉은 대화 눈송이처럼 달보드레 따습겠다
아, 나는 어떤 맛으로 스며들 재료인가
저 푸른 불꽃 위에 올려 질 가마솥
그 안 세상이 궁금하다

찔레꽃

고향 집 비탈밭 둑에
찔레나무 한 그루 있었네
밭둑은 콩을 심어야 할 자리
당신 봄마다 낫질을 했네
아예 뿌리째 뽑자고 말하면
아니다 그냥 놔두라 했네
가지 잘리고 잘려 뭉툭해진 밑동
어김없이 파랗게 새순 돋았네
하얀 찔레꽃 곱게 피었네
밭매던 당신 그 꽃 보고
참 곱다 고와 혼잣말했네, 긴 밭고랑
잠시 일어나 숨 돌리고
다시 쪼그려 앉아 호미질 했네
당신 혼잣말은 기도였네
순하디순한 찔레꽃처럼
악착스럽게 순해야 한다,
억척같은 그 기도의 힘으로
거친 비탈밭에서도 육쪽마늘
제법 실하게 자랐네

갱년기

가끔은 등 돌려 눕기도 하지만
여전히 한 침대를 쓰고
새벽 외출에도 핸드폰 알람
함께 맞춰놓고 눈 비비며 일어나
옷 꺼내주고 소지품 챙겨주고
현관까지 따라 나와 눈 맞춰주는 게
여간 녹녹한 일 아니라는 거
다른 사람들 얘기를
들어 알지요

밖에서 얘기할 땐
어림 택*도 없는 척합니다
욕, 바가지로 먹거든요
속으론 아주 고마운 마음입니다
나도 뒤척이며 밤잠 설치면
'당신도 이젠 갱년기네요, 갱년기'
뭐랄까 그래 쌤통이라는 듯
실실 웃을 때는
괜히 섭섭하기도 하고
조금 얄밉기도
합니다만

* 택 : 턱의 사투리

궁항마을 일몰

억수로 퍼붓는 비 뚫고
궁항마을 일몰 보러 갔습니다
요즘 날씨 하도 변덕스러워
볼 수 있으면 행운이라 여기고
오십여 리 멀다 않고 달려갔습니다
일몰이 정말 장관이었습니다
서있는 이쪽 궁항마을은 비 오는데
바다 건너 저쪽 하늘은 개어
구름 사이로 해가 지고 있었습니다
먹구름 더불어 하늘 더욱 붉었습니다
저쪽 햇살을 받은 이쪽 바다가
비에 반사되어 더욱 반짝였습니다
때마침 섬과 섬 사이 저만치
배도 한 척 한가롭게 떠 있었습니다
이쪽 하늘이 맑았다 해도
저쪽 하늘이 개지 않았다면
기약 없을 먼 남쪽 장엄한 일몰에
여전히 내리는 비 맞으며
우(雨), 우(憂). 우(愚)
황홀하게 젖다가 왔습니다

* 궁항마을 : 여수시 소라면에 있는 마을 이름

그리움

휴가를 냈다
고향에 갔다

눈 내리는 날 강아지처럼
여기저기 쏘다녔다

집으로 왔다
하루가 갔다

누구 생일날도 제삿날도
어떤 기념일도 아니다

그냥 아무 날도
아니다

극복(克服)

대단하거나 엄청난 게 아니다

단지 옷 한 벌이다

옷 한 벌

* 극복 :克服(이길 극, 옷 복)

개망초

나에게도 좀
관심 가져 달라고
대놓고 여우 짓 하지는
못했어요

바람을 핑계로
몇 번 살랑거려 보기는
했지만요, 분도 살짝
바르긴 했죠

당신 눈길이
스치긴 했지만 무심해서
다행히 베이진
않았네요

도사들

동창 친구들에게
바자락칼국수, 어죽, 간장게장
고향 맛집 좀 추천하라고
밴드에 올렸습니다

한 친구가 1번은 건하은칼국수
2번은 내가 별루라서 잘 모름
3번은 찬도 잘나오는 꽃게나라간장게장
금방 댓글이 달립니다

곧이어 다른 친구가
바지락칼국수는 구시장 내 귀락당이요
어죽은 태봉식당 맞은편 간판이 생각 안 나네
게장은 원조가 정보고 앞 제일꽃게장이라
상세히 위치까지 알려줍니다

귀락당은 손님 모시고 가기는 너무 좁아
싸고 맛있지만. 바지락칼국순
장고항 쪽이 참 잘하는데 너무 멀어서
내 속내를 콕 짚어냅니다

바지락칼국수는 좀 멀어도
손님 접대할라치면 왜목에 미다원이라는
식당이 있는데 최고여, 혹시나 싶어
한 번 더 짚어 챙깁니다

입도 뻥긋 안 했는데
보고 있는 듯 내 상황을 어찌 이리 콕 콕
뻔히 짚어내는지, 하여튼
도사들입니다

도사, 그거 그냥
아무나 날로 금방 뚝딱 되는 게
결코 아니라는 건
아시지요?

소나기

느닷없이 다짜고짜
마음대로 아무렇게나 들이닥쳐
한바탕 방언 마구 쏟아 붓고는
아무 일 없었다는 듯
뚝! 시치미 뗀다
그래도 난

네가 좋다

수수료(手數料)

여보셔 들, 많은 것을 많이 내려야 하겠어

감가상각비는 손비처리여

손비처리

* 수수료 : 手數料(손 수, 셀 수, 값 료)

망준생(亡準生)

필기시험도 면접도 없이
적성검사도 받지 않고
운 좋게 이 세상에 합격했다
미리 준비한 것 없으니
시행착오 당연한 일
그러니 소신껏 열심히 살자
세상은 상대평가, 뒤처졌다고
의기소침하지 말 것
다음 생은 정해진 관문을
통과해야 한다고 하지 않는가
절대평가, 대부분 수행평가로
결정된다고 하지 않는가
시중엔 좋은 참고서도 많지만
참고서는 말 그대로 참고서일 뿐
하고자 하는 마음이
더 중요하지 않았던가!
언제 호명될지는 모르지만
이제부터라도
차근차근 준비하자
그래, 나는 삶이 절실한
망준생이다

제2부
민증까자

– 팔랑팔랑 덧없이
물드는 단풍이 참 곱다

봄날은 간다

1.
근십년만에 두번째 시집 내면서
회사유니폼 입은 막 사진을 사용했다
몇몇은 신경 좀 쓰시지 그게 뭐냐고 했고
혹자는 아직도 잘 보일 일 있느냐며
의도적이란 어투로 농을 던졌다

염장 좀 지르지 마시셔들
신경을 써서 찍고 찍고 보정까지 해봐도
그만한 것 없어서 그랬네요, 그래
이젠 속들 시원허슈!

2.
백화점에 갔는데 점원 아가씨가
"아버님, 어떤 거 찾으시는데요" 쌩긋 웃는다
얼마 전 건강검진 받을 때 간호사가
"아버님, 이쪽으로 오세요" 안내하기에
내심 서운해서 못 들은 척 했는데
하물며 그럴 일 아니었구나!

3.
그래도 나에게는 여전히 세 계절치의
날들이 남아있습니다

방백(傍白)

그곳 남산에
왕벚꽃이 한창이란다

'그 꽃비에 흠뻑 젖어
속까지 훤히 다 비치면, 그 당혹
나 어찌 감당하라고
오라십니까!'

* 방백 : 연극에서 등장인물이 말을 하지만 무대 위의 다른 인물에게는 들리지 않고 관객만 들을 수 있는 것으로 약속된 대사

민증 까자

“오랜만이다 진철이 잘 있지?” 진철이는 상욱이 아버지다. 초등학교동창회, 병태 녀석이 상욱이와 반갑게 악수하며 짓궂은 농을 던진다. “짜식 여전히 잘도 까분다, 잘도 까불어” 상욱이가 녀석의 등짝을 씨익 후려치며 옆자리에 앉는다. “야 인마 몇 살 차이 난다고, 오십 넘으면 다 친구여 친구” 병태가 농을 추가하고는 “여전하시지?” 정중하게 다시 안부를 묻는다. 상욱이가 “으이구 나보다도 어린놈이 감히 건방지게, 야 민증 까자 민증 까” 받은 농을 다시 건넨다. 사실 상욱이가 두 살 어리지만 민증상으로는 병태보다 더 빠르다. “야 니네 아버진 한량였잖여 면사무소 옆 거기 뻔질나게 다니던, 감춰 둔 동생 있나 잘 찾아봐” 병태 녀석이 또 농을 듬뿍 따른다. “에라, 말이면 다냐 마, 자 술이나 처먹어” “야 야 살아계시니까 농도 하는 겨”, “알어 알어 인마, 아버지 때문상 못 가 미안허다” 다시 잔을 주고받는다. “하여튼 저 녀석들은 환갑 넘어도 민증 까잘 껴” “야 누가 저놈들 좀 떼놔” “그만하고 자 자 다 같이, 건배” “덕분에들 상 잘 치렀다” “상욱이 아버지 오래 사슈” “진짜 민증 한 번 까보까” “갈 땐 순서 없다 술이나 받어” 하프타임도 없는 설전이 완샷 건배 밤늦도록 끝없다.

창밖 가로등 불빛 아래 팔랑팔랑 덧없이 물드는 단풍이 참 곱다

소서(小暑)

저만치 간사지 아지랑이 뽀얀 원둑길, 엄마가 건너오신다. 오늘은 바지락일까 맛조개일까, 땡볕 짊어지고 가득 잡아 담은 구럭 머리에 이고 거미기 갯고랑에서 바삐 오신다. 잠시 수문통에 걸린 미루나무 그늘에 걸터앉아 길가에 핀 개망초꽃 꺾어 들었다가는 훠이 허공에 던지신다. 금세 일어나 다시 걸음을 재촉하신다. 저 길을 다 건너오면 읍내장터까지 또 꾸불꾸불 이십여 리, 한가하게 꽃놀이가 웬 말이냐 길을 다잡으신다. 한낮 땡볕이라야 이제 겨우 작은 더위, 아직 먼 여름을 어찌 건너려고 뜸부기 소리는 벌써 저리 축 늘어졌는지. 저만치 도라문 먼지 뿌연 신작로, 버스는 막 지나갔다

반성문

큰 독에만
담으려고 했습니다
여러 독에 담아도 되는 것을
큰 독을 찾아 헤매느라
여태껏 물은 하나도
긷지 못했습니다

화단에만
심으려고 했습니다
그냥 주변에 뿌려도 되는 것을
화단 일군다는 핑계로
진작 꽃씨는 하나도
못 뿌렸습니다

잘 살면 되는 것을
잘 보이려고 전전긍긍하다
머리만 하얗게
셌습니다

봄을 양식하다

강변 벤치에 앉아
기지개를 켜느라 하늘
올려 보다가 본다
버드나무가 쳐놓은 발
바다 미역양식장 그 발 같다
허공에 팽팽하게 잠겨있다
포자 촘촘하게 붙어있다
봄도 그냥 오는 것이 아니구나
식탁에 미역 오르기까지
혹한을 감내하는 노고가 있듯
봄을 맛깔나게 즐기기까지
극한의 노동 마다치 않고
겨우내 봄을 양식하는
삶들이 있구나
세상사 가끔은 거꾸로
올려도 볼 일이다

불온한 꿈

언제부터인가
꿈에서조차 위험하거나
곤혹스러운 상황에 처하면
이건 꿈이야, 눈 뜨면 돼 하고
깨어나 안도의 한숨 내쉬곤 한다
어젯밤 꿈에서도 그랬다. 목숨
구걸할 만큼 급박한 상황도 아니었는데
지레 이건 꿈이야 꿈, 깨어나면 돼,
스스로 눈 떠 곤혹스러운 상황 모면했다
이런 불온한 꿈이 이젠 낯설지 않다
버티고 견디느라 비명 지르고 몸부림치며
온몸에 땀 흠뻑 적시곤 했는데,
내 꿈에 옆 사람이 놀라 벌떡 일어나
서둘러 날 깨워주던 꿈다운 꿈,
그런 온전한 꿈 다시 꿔보고 싶다
아, 나이 탓만으로 돌리는
내 속내 불온하다

비리(非理)

저 무지막지한 범죄를

비리라 하니, 세상

참 많이 관대해졌다

* 비리 : 非理(아닐 비, 이치 리)

사모곡(思母曲)

함께 가 본, 고창 선운사 동백
하동 쌍계사 벚꽃
구례 지리산자락 산수유

당신, 그리도 좋다 하셨던 그
꽃들, 올해도 여전하다는
소식이네요

설마 그럴 리가요
매년 보는 뒷산 진달래도 해마다
저토록 더 붉어지는데,

희미해지는 만큼
더욱 짙게 추억되는 것이 점점
더 많아지네요

선입견

냉면 먹으러 갔는데요 맛집 추천받아 '오장동 함흥냉면' 집 찾아갔는데요 근처에서 네비가 끊겨 길 헤매다 겨우 찾았다 싶어 감사히 들어가 앉았는데요 주문하고 보니 '오장동 함흥냉면' 집이 아니라 함흥냉면 전문 '오장동 흥남집' 이더라고요 다른 집임을 안 그때부터 다 이상해 보입디다요 '오장동 함흥냉면' 집 구경도 못했는데 모든게 아니다 싶더라고요. 점심시간 지났는데도 사람들 제법 많고, 물어물어 찾아왔다는 노부부 안도의 미소도 있고, 몇몇 방송에 맛집으로 소개된 벽보도 붙어 있는데도 말입니다요 서빙 하는 분도 거슬리고, 육수도 밍밍한 게 맹탕 같고, 냉면 나왔는데 웬 기름을 깔았나 싶기도 하고요 하여튼 끼적끼적 먹었습니다. '오장동 흥남집' 도 함흥냉면 하면 둘째가라면 서러워 할 맛집이라 함께 먹은 아내도 맛 좋았다고, 잘 먹었다고 하는데도 그럽디다요 순간, 먹는 것에도 이런데 그동안 내 사람 사 엉뚱한 편견으로 얼마나 까탈스러웠을까 허허, 속내 꽤 민망했습니다요

점심(點心)

입에 맞는다고 너무 과했나 보다

아주 거북하다

마음에 점 하나 찍을 일인데

* 점심 : 點心(점찍을 점, 마음 심)

어머니前 연서

팔월 한여름 아침밥상에
뜨거운 쇠고기미역국이 올라왔습니다
당신의 넷째 제 생일이랍니다

널 낳구서는 츰으로
쌀밥에 미역국 원읎시 먹었다
그쯤 대전 작음마도 셋째 낳았잖냐
할머니 거기 가 계셨거든
이때다 당미작음마가 맘먹고 해주더라
그 작음마도 그해 봄에
첫째 낳았거든, 첨이라서 더욱
더 서러웠었나 보더라

어머니, 그 말씀일랑은
끝까지 하지 마시지 그랬어요
목메서 못 먹겠네요

* 츰　　: 처음
원읎시 : 원 없이
작음마 : 작은어머니

잡병

아파트 분리수거장
잡병이라 적힌 푯말 앞에
크고 작은 병들이 수북하다
콜라, 사이다, 환타, 활명수, 박카스
각자의 지난 소임이 붙어있다
상표 제거된 소주병에서
참기름 냄새가 아직 고소하다
넌, 주어진 소임을 충분히 다하고
재활용되고서도 다시 또
다른 소임을 기다리고 있구나
지금의 내 소임은 언제까지일까?
나는 주어진 소임을 다하고
재활용될 수 있을까?
한참을 이리저리 끼워 맞춰도
용도가 없다

에라 이 진짜 잡놈아!

워크숍에서

워크숍에서 강사가 물었다
자신의 장점을 타인에게 삼십 분 간
설명할 수 있습니까?, 한가지를
삼십 분 동안 예기해도 좋고, 서른 개를
일 분씩 나눠서 말해도 좋단다
날 지목하면 난감한데, 시선 베일까
눈길을 얼른 창밖으로 돌렸다
나를 삼십분도 다독일 수 없다니
그간 내게 너무 소홀했구나, 생각하는데
하물며, 다른 사람의 장점에
삼십 분씩이나 배려할 수 있겠습니까!
순간, 바람에 팔랑이는 단풍잎에
아차, 마음마저 베였다

수혈(輸血)

주는 것도, 받는 것도 아니다

보내는 것이다

* 수혈: 輸血(보낼 수, 피 혈)

풀빵

노쇠한 부엉이 한 마리 병상에 앉아 있다.

그때 왜에 그때 있잖여 나 초등학교 몇 학년 때더라 캄캄한 한밤중 칠절 절골 느티나무 아래 앉아 멍하니 울고 있었잖여. 아 그때에

말두 마라 말두 마 그때 생각하면 지금도…

아주 오래 전 그때 그 밤길을 링거 영양제 흘러내리듯

천천히 아주 천천히 풀어놓는다.

꼬박 두 물 잡은 바지락 장 봐 쌀이랑 보리 몇 되, 제상 올릴 거 몇 팔고 나니께 겨우 돈 몇 푼 남더라. 독한 맘 먹고 모처럼 버스 타러 갔는디 자꾸 시장 입구서 팔던 풀빵이 아른거리더라구. 차비로 풀빵 사고 걸어올 요량으로 짐을 차부 가게에 맡기고 갔다 왔는디 짐 보따리가 없어진 겨. 잘 좀 봐달라고 그렇게 신신당부 했는디 그 주인 여편네 시치미 뚝 떼고 모르는 척하데. 아무리 샅샅이 뒤져봐도 없고, 혹시나 해서 차불 몇 바퀴나 돌았는지 물러. 세상이 온통 다 노랗더라. 한참을 벌벌 떨다 정신 차렸는데도 도무지 막막허구, 담날 할아버지 제사는 나중 일인디 당장 니 아버지 그 승질머리랑 할머니 성화 불 보듯 뻔하잖여, 해 다 질 때까지 찾았지만 없어진 게 발이 있어 제 발로 걸

어 나오것냐!

어쩔 수 없이 단념허고 미친년처럼 집으로 걸어오는디 밤절고개 넘어 원당 삼거리서 나도 모르게 집 방향 오섬 쪽이 아닌 틀무시 쪽으로 걷고 있더라. 그길로 뭐에 홀린 듯 틀무시 지나 송산 가곡리 이모네까지 걸어간 겨. 지금 생각혀도 기가 차지 기가 차. 가깝기나 헌가 뛰다시피 가기는 갔는디 그 집은 뭐 변변했어야지 한참을 망설였다. 이모부 몰래 보리쌀 둬 됫박 간신히 퍼 와서는 쌀은 이웃 집에 사정해 꿔 주데.

그때 풀빵을 꺼낼까 말까 몇 번이나 망설였는지…

집에 오는 길을 무수리, 송석리 쪽으로 가로질러 잡으려다 멀지만 틀무시 원당리 쪽 온 길로 다시 잡었지. 틀무시까지만 나오면 그래도 한참은 신작로 길이잖냐. 달도 없는 밤길, 칠흑같이 캄캄해서 양지 마을 공동묘지 넘는 게 무서운 것도 무서운 거지만, 자라 보고 놀란 가슴 솥뚜껑 보고 놀란다고 혹시나 싶어 인 짐이 더 걱정이더라. 오는 길 내내 멀리 인기척이 있으면 서고, 다시 걷다 서고 그날은 사람이 그렇게 제일루 무섭더라.

멀리 우리 집 불빛이 보이니께 그때서야 두 다리 맥이 확 풀리더라구. 철푸덕 주저앉아 하늘 쳐다보며 큰 숨 내쉬는디 그냥 하염없이 눈물이 흐르는 겨. 내둥 안 하던 짓을 그날따라 왜 그랬는지. 정신이 나갔지 뭔 배짱으로 버스는 타려 했을까, 그래 봐야 풀빵 몇 개 입맛만 버릴건디 언제 새끼들 챙겼다고 그늠의 풀빵은 살려구 했는지, 그 여편네 좀 까칠하긴 혀두 그럴 위인은 분명 아닌디, 사이다라도 한 병 사고 맡겼어야 했는디 내가 미쳤지 미쳤어, 온갖 생각에 복장 터져 눈물만 절로 줄줄 나오더라. 그때 마침 너희들이 거기까지 마중 온 겨

그날 니들이 거기서 먹은 그 풀빵이 그런 풀빵이여

그동안 몇 번을 꼬드겨 물었는데도 그때마다 못 들은 척 그냥 웃음으로 넘기더니, 이렇게 그 깊은 속내까지 다 가볍게 비워내는 것을 보면 머지않아 아주 먼 길 떠나야 함을 아나 보다. 그날 비 안 온 게 다행이지 비 안 온 게 천만 다행이여

깡마른 부엉이 한 마리가 병실 창문 밖 구름에 흘러가는 달 끔벅끔벅 바라보며

참 밝아서 좋다 훤해서 좋아 마지막 먼 밤길을 준비 중이다.

제 3 부
향일암에서

― 갓 버무린 돌산 갓김치
톡 쏘는 향이 기막히다

춘야(春夜)

창문 달빛에 얼비친
빛깔 없는 꽃 그림자에서도
수많은 색깔의 감흥이 일렁인다
가끔 바람이라도 스쳐 지나가면
대책 없이 흔들리는 건 나다

네 향이 모질게 짙다

정(情)

성묘 가는 길옆이라 들러
겨우 마트에서 산 사과 한 상자
내렸는데, 한 해치의 땀
쌀 한 포, 마늘 한 접, 곱게 말린
시래기도 한 다발 싣는다
잠깐만, 부리나케 뛰어들어가
가지런히 썬 떡국까지 한 봉 내오며
잠깐 들어가 밥 한 그릇 하고 가면
세상에 좋으련만 서운해서 어떻헌다
애들은 이제 다 컸지 아녀 내 정신 좀 봐
그려, 차 막히기 전에 얼른 출발 혀
피붙이 보내듯 손짓 애틋하다
세상에나 손해를 보고서도
이렇게 환하게 웃는 미련퉁이가
세상에 또 어디 있을까
미련퉁이, 여전히 그 자리에
서 있는 사이드미러 속
저, 미련 곰탱이

운수 좋은 날 2

비 내린다

휴일 오전 집에서 쉬고 있는데 핸드폰이 울린다 저장 안 된 번호, 언제부턴가 모르는 번호는 안 받는 게 불문율 득 된 적 없다 십중팔구는 텔레마케팅 아니면 차 좀 빼 달라거나 기어는 중립 브레이크 밟아놓지 않은 거 분명하니 알아서 나가는 게 예의 정 급하면 다시 걸겠지, 잔머리 굴리며 받지 않는데 끝까지 울리고야 끊긴다

금방 전화벨이 다시 울린다, 어지간히 끈질긴 사람이네 짜증나는 어투로 "어디세요" 느긋하게 받았는데 "차, 창문 열려 있어요" 다급하다 '자신에게 득 안 되는 일에 이리 끈질기다니' 하는 생각은 나중 "감사합니다, 감사합니다" 벼락같이 튀어나갔다

여전히 비 내린다

향일암에서

일출시각 한참 지난 향일암
관음전에서 바라보는 바다가 절경이다
신년 일출 때는 진짜 난리겠어요
절 초입 식당 아낙에게 말을 건네자
말도 마세요, 난리도 그런 난리가 없어요
육이오 적 난린 난리도 아니라니까요
복을 빌러 와서는 왜들 그러는지
도로아미타불입니다요 도로아미타불,
나무아미타불 관세움보살
경을 외듯 중얼댄다

갓 버무린 돌산 갓김치 톡 쏘는 향이
기막히다

여기요, 막걸리도 한 병

질경이가 사라졌다

밟히며 살고 싶은 생이 어디 있으랴

유년 시절, 마을 길바닥 어디에서나 볼 수 있었던 질경이가 보이지 않는다 장작골집 언덕배기 비탈길, 간사지 지나 뱃말 원뚝길, 교회당 아래 밭가운데집 꾸불꾸불 두렁길, 밟히고 또 밟혀도 납작 그리 무성했던 그 억척 질경이가 길에서 사라졌다

고향 마을 길 곳곳 한나절을 다 돌아도 거의 보이지 않는다 장작골집 상철이 엄마, 뱃말 영길이 엄마, 밭가운데집 은숙이 엄마, 척박한 땅 그 질기디질긴 질경이 생들이 다 사라졌다

울엄마도 사라졌다
산모퉁이 양지바른 터 질경이가 휜칠하다

소식(消息)

잘 있는 거다

그래 맞다, 무소식이

희소식이다

* 소식 : 消息(사라질 소, 쉴 식)

오발탄

골프에서
샷을 정확히 잘하면
굳 샷! 하고
외친다

필드에 나가보면 안다
굳 샷의 반대말은
베드 샷이 아니라는
것을

샷을 잘 못 해
공이 엉뚱한 곳으로 날아가면
'뽀올~' 하고 크게
외친다

오발탄은 백발백중
명중이다

연습장에서는
타깃으로 곧잘 뻗어가던 샷도
실전 라운딩에서는

빗나가는 경우가
더 많다

상강(霜降)

깡마른 고춧대가
희멀건 고추 몇 개 매달고
된서리 맞아 더욱 고단하지만
여전히 꿋꿋하게 텃밭에 서 있다
나도 모르게 뒷산 바라보며
혼잣말 했다

당신도 충분히
최선을 다 했습니다

꽃망울

땅이 채 다
녹지도 않았는데
어지간이들 서둘러 왔다
이 선망하는 눈빛들을 보면
세상은 생각보다 훨씬 더
아름다운가 보다
분명, 내가 모르는
혹은 지나친
그 무언가가 있다
틀림없다

두발썰매

굵은 철사 어렵게 구해
두 발 썰매의 날로 이용하던 시절
한 친구가 스케이트 날 썰매를 가져왔다
햇빛에 반짝반짝 그 위용 눈부셨고
예리한 날만큼 속도에서도 빛이 났다
부러운 눈빛들 한 번만 타보자고 줄을 섰다
늘 그랬듯 얼음판 한 바퀴 도는 시합이 시작되었고
초반 직선 구간 스케이트 날 썰매가 앞서 나갔다
속도 빠르다고 빨리 도는 건 아니다
곡선 구간을 급하게 돌다 넘어져 추월당했다
회전에서는 날 둥근 철사 썰매가 훨씬 민첩했다
혼자 직진만 하는 썰매 타기는 지루하다
북적댈수록 더 즐거운 썰매 타기
요기조기 놓여있는 장애물들을 피해
요리조리 지치는 게 재미, 生이
얼음판 두발썰매 타기다

자화상

두루마리 휴지 좀 사 오라기에
동네슈퍼에 들렀는데요, 종류도 많고
가격차도 생각보다 컸습니다, 전화해서
어떤 거 사느냐고 묻고서 골랐네요
들른 김에 빨래 세제도 하나 사오랍니다
그냥 또 알았다고 답하고 끊었는데
세재 역시도 종류와 가격이 여럿이데요
다시 또 전화해 묻고서야 샀습니다
허허 두루마리 휴지, 빨래 세제 하나도
물어보고서야 살 수 있으면서, 그간
온갖 아는 척은 혼자 다 했네요
잘난 체 어지간히 해대며
살아왔습니다 그려, 복이 많은 집
잘 풀리는 집 하루 이틀
한두 번 쓰는 휴지도 아닌데
이렇더란 말입니다요

수채화 풍경

비 갠 한여름
도심 잠실사거리

자동차 소음을 뚫고
참새 몇 마리
소나무 가지에 걸려있는
하얀 뭉게구름 사이
짙푸른 창공으로
날아오르고
있었어

조금만 더
살짝 옆으로
고개 돌리면
보여

전횡(專橫)

독단적인 줄 알았는데

편파적이었구나.

치우치는 것, 오로지

한쪽으로

* 전횡 : 專橫(오로지 전, 가로 횡)

오래된 자동차

송정뚝방길로 벚꽃 구경 갔었는데요
할머니 두 분이 꽃구경 와 꽃 구경은 뒷전인 채
벤치에 앉아 자동차 얘기만 하고 있더라고요

'자동차 같았어봐요, 바꿔도 벌써 몇 번은 바꿨지'
'맞아요 맞아, 벌써 대여섯 번은 더 바꿨겠네요'
'감사하지요, 암요 이만하면 감사하고 말고요'

좋은 봄날 벚꽃 구경 갔다가 벚꽃 뒤로하고
생뚱맞게 녹슨 자동차 얘기만 듣다 왔네요, 벚꽃잎이
할머니들 어깨 위로 가뿐 내려앉고 있었어요

이만하면 한세상 잘 달려온 것이라나 뭐라나
하여튼 코끝이 어찌 그리도 짠하던지요
동부간선도로엔 자동차가 쌩쌩 달리고 있었네요

당신짓

일부러
작정하고는 아니지만
기회가 있을 때면 잊지 않고
제발 좀 끊으라고
악착같이 핀잔을 합니다만
술 취해 깜박한 날
아침에도
아이코스 충전기는

푸른빛

가을 발자국

볕 좋아 산책하다가
가을이 어느새 나를 저만치 앞질러
단.풍.단.풍. 걸어가고 있는 것을
다행히 보았습니다

제4부
천근성 나무

– 바람 불수록
꽃가루 더 멀리 퍼지잖아요

완전자동사

꽃 같은 스무살 남짓에 시집와
서슬 퍼런 시어머니 반백 년 공양하고
뇌경색에 누운 지아비 십수 년 수발하며
갯고랑 누비고 누벼 5남 3녀
뒷바라지 한 당신,

생의 마지막 숨으로
간절하게 간신히 이은 말
미안하다
고맙다

내가 참 자주 내뱉는 말
쉽게 차용해서 쓰는 흔하디흔한
불완전형용사
그 말

초승달

달은
독한 그리움이 가득 채워진
하늘만 한 매병의
둥근 주둥이

아뿔싸 살짝만 기울여도
농익은 동동주색 그리움이
흘러넘친다

"그만 따르시게나 넘치겠네 그려"
바람이 지나가다 참견이지만

내 외로움의 잔 깊이는
얼마이기에 받아도 받아도
넘치지 않고

한참을 홀로 앉아 따라 마시는데도
그리움은 도무지 줄지 않는다

아직은 초저녁 오늘밤은
그래 갈 때까지 가보는 거다
갈 데까지

개미

당신도
가던 길 멈추고 쪼그려 앉아
몸집보다 큰 나뭇잎 끌고 가는 나를
지켜보고 있잖아요
아까부터

겨우 당신 손톱만 한 것,
나뭇잎의 크기가 대단해서가
아니잖아요

천근성 나무

태생적 천근성인 거
잘 알고 있잖아요, 뿌리
얕게 뻗어서 바람에 약하네요
깊이 박히지 못했다고, 우리
결코 덜 간절하지 않았잖아요
든든한 버팀목이 돼주세요
가끔 북도 넉넉히 돋워주고요
넓게 뿌리내리고 푸르게 뻗어
꽃, 활짝 피울 겁니다
바람 불수록 꽃가루 더 멀리
짙게 퍼지잖아요

거짓말쟁이

나 있어서
하고 싶은 것 제대로 맘껏
못하면서도

나 없으면
아무것도 할 수 있는 게
도무지 없다고

입술에 침도 안 바르고
표정 하나 안 변하고
천연덕스럽게

당신 참말로
낯 두껍다, 그래서
고맙다

거북이

목 움츠리고
기어가는 거북이
본 적 있는지

머리 처박고
헤엄치는 거북이
본 적 있는지!

본 적 있다
바다로 가려고
온몸 웅크려

죽기 아니면 살기로
비탈 뒹구는
거북이

처(妻)

잘해야겠다

이래저래 정말이지 잘해야겠어

빨래, 설거지에 물 젖은 처

쓸쓸하구나, 그 마음

슬프구나!

* 처 : 妻(아내 처), 淒 (쓸쓸할 처), 悽(슬플 처)

한파

기록적인 한파가 며칠 째다
퇴근길, 신호등 없는 골목 사거리
접촉사고로 다투는 두 사람의 언성이 맵다
찬바람이 살갗을 스쳐도 이렇게 추운데
시베리아 고기압 같은 매서운 말들
심장 깊숙이 파고들면 얼마나 에일까
몸 추우면 겹겹이 옷 껴입으면 된다지만
마음은 마땅히 껴입을 것도 없고,
길 건너 허름한 어묵 가게
김 모락모락 피어오르고 있다
따뜻한 오뎅 국물 같은
말간 말 한 그릇 개운하게
마시고 싶다

탈삽

천둥번개를 동반한 폭우
그 매서운 호통에도
시퍼렇게 버티던 땡감
스스로 탈삽을 시작한다

붉어질 수 있을 때까지
붉어질 것이다

떫어 볼 만큼 떫어 봤으니
단맛, 깊어질 수 있을 때까지
깊어질 것이다

찬 서리 아랑곳하지 않고
물러질 수 있을 때까지
물러질 것이다

썩지 않을 것이다

* 탈삽 : 감의 떫은맛이 빠짐. 또는 떫은맛을 우려냄

투표 옹호론

투표도장에 새겨진 글자가
인(人)인 줄 알았는데 복(卜)이란다
여태껏 사람을 선택하는 건 줄 알았는데
혹시나 하고 점을 치는 것이었다니!
모를 일, 믿는 도끼에 발등 찍히는 것보다야
점괘에 맡기는 게 더 나을는지도
그래, 점인데 어찌 다 딱딱 들어맞겠는가
하나라도 맞으면 그나마 위안이지
속는 셈 치고 한 번만 더 점 보자, 봐
그래, 찍자 찍어 두 눈
딱 감고!

공수표

연애 시절 미소 환한 앵두나무집 셋째딸에게 보낸 수십 통의 꽃편지 안방 장롱 깊이 여전히 보관되어 있는 것을 보았습니다

손(孫) 많아 궂은일도 잦은 큰집의 며느리, 주말이 더 바쁜 샐러리맨의 아내, 아슬아슬한 사춘기 남자 녀석의 엄마, 드라마 보는 것도 눈치 봐야 하는 수험생의 학부모, 빨래가 날마다 널브러지는 반지하 빌라의 맞벌이 가정주부

모진 세파 견뎌내느라 겹겹이 껴입고 껴입어서 그렇지, 아뿔싸 내 공수표만 아니었음 지금도 맵시 누구 못지않았을 것을

화의* 신청을 해야겠습니다. 처음부터 공수표는 아니었다고

* 화의 : 파산을 예방할 목적으로 채무 정리에 관하여 채권자와 채무자 사이에 맺는 강제 계약

핑계

졸혼(卒婚)요
안 하는 것이 아니라 못 하는 거예요
수강은 했지만 F학점 받은 과목도 있고
이수학점을 아직 채우지 못했거든요
계절학기 수강만으로는
부족해서요

향수

기다리는 이 없으니
길 막혀도 급하지 않았네, 구름처럼
흘러 흘러서 갔네

묵을 곳 없으니
취할 생각은 아예 없었네, 별처럼
한낮 잠깐 머물렀네

온다 기별 안 했으니
간다 알릴일 없어 바람처럼
흔적 없이 떠나왔네

그리움만 또 한 송이
오섬 벌판 들마당 들국화처럼
샛노랗게 피어났네

이 꽃잎 말라
허공에 날리기까지, 또
한참이겠다

철저(徹底)

눈에 보이는 건 누구나 본다

보이지 않는 속내까지, 깊은 그 밑까지

통하는 것이다

* 철저 : 徹底(통할 철, 밑 저)

천리포

힘겹게 가서
그냥 잠깐 멍때리다가
온다

거기서는
억겁을 왔을 파도도
그랬고 바람도
그랬다

저만치서
섬 하나 마냥 멍때리고
서 있다

허공에 쓴 편지

기억하죠? 그 해 그 여름 그 여행

숨차 거동 불편한 당신, 발 깁스한 장모님, 유철엄마 우리 넷 신안 증도로 여행 갔었잖아요. 슬로우시티 증도를 택한 건 평생 갯벌에서 조개를 캐다 팔아 5남3녀 무탈하게 키운 당신에게 지금은 뭍이 된 고향 옛 갯벌풍경을 보여드리고 싶어였어요. 그 해 봄 당신의 지병이 악화되어 재수술하고 한동안 입원했었잖아요. 셋째며느리 유철엄마가 근무하던 병원, 한동네 이웃이었던 장모님이 말벗이라도 한다며 그 힘든 간병인을 자처했었죠. 그때 빨리 기운 차려야 또 여행 간다고 꼬드겼었는데, 사돈이 간병인이라고 병실에서 이렇다 저렇다 화제가 되기도 했었고요.

퇴원하고 얼마 지나 여름 당신 막내딸에게서 전화가 왔었네요. 이쯤이면 여행 간다고 연락 올 텐데 소식이 없다며 서운해 하는 눈치라고. 맞아요, 그 몇 해 전부터 휴가철이면 하동 쌍계사로, 안동으로, 지리산으로, 태국으로 넷이서 함께 여행을 다녔죠. 그 해는 당신 거동이 많이 불편해 계획을 잡지 않았었거든요. 병실에서 꼬드긴 것도 있고, 아차 싶어 회사 눈치 보며 부랴부랴 장소 잡고, 휴가 내고 당신을 모셔왔죠. 출발 전날 아뿔싸 장모님이 빨래 널다 넘어져 발에 깁스했다는 연락이 와 포기할까 말까 많이 망설이기도 했지요.

지금 생각해도 강행한 게 얼마나 다행인지요.

우여곡절 끝 서울을 출발, 안산서 장모님 태우고, 군산 새만금 거쳐 곰소항 들러 몇 가지 젓갈을 사 신안 증도로 들어갔지요. 일몰 마주하고 서쪽으로 서쪽으로 황금빛 노을로 빨려 들어가던 그 저녁 무렵의 풍경, 좀 인위적이지만 오밀조밀 잘 꾸며진 섬마을 정원, 대충 찌개 끓여 곰소 젓갈과 함께 먹던 원두막에서의 소박한 한 끼, 낮은 구릉 너머 해변서 바라보던 초승달, 그 쪽배를 타고 어디까지 가려는 걸까?, 하염없이 월몰을 바라보던 당신 그 뒷모습은 지금도 잊을 수 없네요. 1박을 하고 증도 '태평염전'을 보고 화도로 연결된 그 넓은 갯벌을 보고, 다시 '짱뚱어 다리'로 향했지요. 우리 동네서는 흔히 '좇망둥이'이라 불렀잖아요. 녀석을 당신께 꼭 보여드리고 싶었어요.

짱뚱어 아니 추억의 좇망둥이을 구경하고 다음 목적지로 출발하려는데 아뿔싸 자동차 시동이 걸리지 않았지요. 분명 출발 전 점검도 한 터라 진짜 황당했지만 차분한 척 견인차를 불렀네요. 하여튼 한여름 찜통더위에 고장 난 차를 매달고 그 좁은 견인차 좌석에 5명이 타고 무안 어딘가까지 약 50여 킬로를 무덥게 달렸지요. 기사양반, 원래 사람은 실을 수 없지만 너무 보기 좋아 무리해 태워주는 거라며 생색도 냈지만 중간쯤 자기 집에 들러 시원한 미숫가루도 한 사발씩 대접했잖아요. 정비소에 도착하니 뭐가 나갔다나 어쨌다나 부품 받아와 교체하는데 3시간은 족히 걸린다데요. 조금만 걸어도 숨차하는 당신, 목발 의지한 장모님, 하는 수 없이 정비소에 양해 구하고 짜장면을 배달해 먹었던 것 기억하죠? 아, 고춧가루 듬뿍 넣은 탓만은 아니었을 거예요, 맵고 맵디 매웠던 그 검은 짜장면.

다시 또 우여곡절 끝 고즈넉 오후를 달리고 달려 뉘엿뉘엿 고창 선운사 인근에 여장을 풀고 도란도란 마주앉아 구수하게 저녁을 먹었죠. 혹, 여행인데 맛난 음식 안 사주고 매 끼니 대충 때운다고 서운했던 건 아니셨죠? 우리 부부만의 밤몰래 드라이브도 없진 않았는데 두 분 모르는 척, 자는 척하더라고요. 늦은 아침을 먹고 선운사에 도착했는데 두 분이 그늘서 쉬고 있을 테니 둘이서 절 구경하고 오라고 했죠. 매표소에서 입장권 끊으려는데 한 중년부인이 어른 셋, 애들 하나 입장권 끊어 차를 몰고 들어가더라고요. 저 차는 뭐냐고 매표원에게 물으니 어물어물, 재차 물으니 장애인이나 경로자 등은 차로 본당 앞까지 갈 수 있다데요. 내심 한판 붙을 요량이었는데 상황 예기하니 두말없이 모시고 오라데요. 하하 노인네 당신들 덕에 애라 모르겠다 은근슬쩍 본당 지나 걸어서는 온종일도 모자랄 골짜기 골짜기 골짜기 세 개 코스를 차로 금방 다 돌았지요.

고창 고인돌 유적을 보고 해바라기 없는 해바라기 농원 그 정감 넘치는 너른 황토밭을 보고 그 아래 토강 옆 마루나무 맞죠? 그 나무 그늘에 앉아 더위를 식히며, 마늘을 캐다가 아이스께끼 장수 지나가면 바꿔먹었느니 어쩌니, 여름에는 넌 오이랑 고추장이면 딴 반찬 필요 없었느니 어쩌니, 한참을 옛 예기 했지요. 올라오다가 태안 어디쯤 해안에서 고동을 따고 천리포 해수욕장, 수목원 보고 늦은 저녁 당진 고향집에 들러 고동을 삶았네요. 마당에 방석 깔고 모깃불 피우고 앉아 오순도순 이쑤시개로 옛 추억을 깨알같이 빼먹었지요. 고향 하늘엔 별들이 여전히 참 많았었는데..., 하늘에 별이 몇 개? 구만 세게, 하하하 한참을 어린애처럼 웃었지요.

여행이라기보다는 긴 드라이브 같았던, 글씨 큰 그림 동화책을 넘기듯 낯선 풍경을 속독으로 훑어 넘겼던 그 여행이 당신과의 내 마지막 여행이 될 줄은 그땐 미처 몰랐네요.

엄마, 기억나죠? 그 해 그 여름
그 여행

작품해설

맑고 깨끗한 말들의 잔치

공광규 시인

맑고 깨끗한 말들의 잔치

공광규 시인

시에서 뽑아 올린 문구가 있는데,
시인의 말 쓰임이 얼마나 깨끗하고
아름다운지 알 수 있다.
"반짝반짝 말들이 참 환해요"
"바람 불수록 꽃가루 더 멀리 퍼지잖아요"
"갓 버무린 돌산 갓김치 톡 쏘는 향이 기막히다"
"팔랑팔랑 덧없이 물드는 단풍이 참 곱다"와
같은 문장들이다.

1.

신현복 시인은 충남 당진 출생으로 2005년 '문학선'으로 등단하였다. 그간 시집 '동미집' '호수의 중심'을 내었다. 시인의 이번 시집 원고들을 읽어가면서 '문장이 곧 그 사람이다'는 옛 사람의 말이 오롯이 떠올랐다. 시를 쓸 당시의 상황이 어떻든 시인의 품성과 천성이 시 문장에 그대로 반영되어 나타난다는 것이다. 그래서 그 사람의 문장을 보면 그 사람을 이해하고, 그 사람이 어떤 사람이라는 것을 알아차릴 수 있다는 것이다.

신현복의 시들은 바로 이런 동양의 문장론을 충실히 반영하고 있다. 이는 시인이 별도로 문장 공부를 통하여 체득되는 것은 아니다. 그의 시 몇 가지 특징을 보면 그가 그렇게 태어났다는 생각이 든다. 시인은 만들어지는 것이 아니라 태어난다는 옛 시인의 말이 떠오른다. 우선 그의 시는 말 쓰임이 깨끗하고 부드러우며, 시인이 자란 시골 재제가 유년과 현재의 경험으로 들어오며, 남다른 부부애가 시편들에서 드러나고, 추상적 어휘를 구체적인 어휘로 변환하여 비유의 즐거운 맛을 보여주고 있는 것이다.

시집 부수를 나누는 목차에는 시에서 뽑아 올린 문구가 있는데, 시인의 말 쓰임이 얼마나 깨끗하고 아름다운지 알 수 있다. "반짝반짝 말들이 참 환해요" "바람 불수록 꽃가루 더 멀리 퍼지잖아요" "갓 버무린 돌산 갓김치 톡 쏘는 향이 기막히다" "팔랑팔랑 덧없이 물드는 단풍이 참 곱다"와 같은 문장들이다. "저리/ 조그만 가슴으로도/ 한 계절치의 바람과 구름과 햇빛을/ 모두 다/ 담을 수 있구나"라고 한 시 〈청포도〉는 깨끗한 자연의 압축과 서정, 비유가 빛난다.

2.

고향 집 비탈밭 둑에
찔레나무 한 그루 있었네
밭둑은 콩을 심어야 할 자리
당신 봄마다 낫질을 했네
아예 뿌리째 뽑자고 말하면
아니다 그냥 놔두라 했네
가지 잘리고 잘려 뭉툭해진 밑동
어김없이 파랗게 새순 돋았네
하얀 찔레꽃 곱게 피었네
밭매던 당신 그 꽃 보고
참 곱다 혼잣말했네, 긴 밭고랑
잠시 일어나 숨 돌리고
다시 쪼그려 앉아 호미질 했네
당신 혼잣말은 기도였네
순하디순한 찔레꽃처럼
악착스럽게 순해야 한다,
억척같은 그 기도의 힘으로
거친 비탈밭에서도 육쪽마늘
제법 실하게 자랐네

– 「찔레꽃」 전문

하얗게
눈 쌓인 아침 공원
도란도란 걸어간 발자국
어깨 기대고 걸었을까
안쪽으로 깊이 기울기도 했고요
입맞춤하려다가 들켰을까
저만치 튕겨 나갔다 오기도 했네요
마주 보고 서 있기도 하고요
여기서부터는 업고 걸어갔는지

한 사람 발자국 보이지 않네요
설레는 가슴과 가슴 포개고
어떤 귓속말 속삭였을까
기댄 눈빛은 무엇을 약속했을까
삐뚤삐뚤한 행간을 읽는데요
반짝반짝 말들이 참
환해요

－「환한 말」 전문

시 〈찔레꽃〉은 시인의 고향체험을 형상한 시다. 듣는 이를 조금 높여서 가리키는 '당신' 은 시인의 어머니이자 화자의 어머니다. 고향집에 비탈밭이 있고, 밭둑이 있고, 거기에 찔레나무가 있었다. 농촌에서는 대개 밭둑에 콩을 심는데, 밭둑에 있는 찔레나무를 뿌리 채 뽑아내고 콩을 심어야 함에도, 어머니는 순만 잘라서 뭉툭해진 밑동으로 만들어 새순이 돋도록 한다. 하얀 찔레꽃을 보기 위해서다.

화자의 어머니는 밭을 매다가 꽃을 보고 '참 곱다' 는 혼자 말을 하곤 했다. 어머니의 혼잣말은 곧 기도인데 "순하디 순한 찔레꽃처럼/ 악착스럽게 순해야 한다"는 뜻이 숨어 있는 말이다. 이런 기도의 힘으로 육쪽 마늘은 거친 비탈밭에서도 잘 자랐다. 시 내용의 흐름이나 시인의 말 부림, 말 쓰임이 순하고 자연스럽다. 아무런 가식과 인위가 없다.

시 〈환한 말〉은 표현의 어두운 구석이 없다. 다정한 상상의 시다. 흰 눈 위를 지나간 발자국 두 줄에 대한 상상의 연쇄가 시 읽는 즐거움을 준다. '~요' 라는 서술어미가 독백이듯 독자에게 거는 대화이듯 시를 참하게 읽히게 한다.

눈이 쌓인 아침 공원에 난 두 줄의 발자국을 보고 "도란도란 걸어간 발자국/ 어깨 기대고 걸었을까"라는 상상이 다정하다.

두 줄로 걸어간 발자국은 남녀 간에 이루어지는 보편적 연애 드라마 대본이다. 시인은 보편적 연애방식을 두 줄의 발자국에 압축하고 있다. 발자국에 상상의 행위를 입혀가며 읽어가야 한다. 입히는 재미가 이만 저만 아니다. 같이 걸어가던 발자국의 주인공들은 서로 가까이 어깨를 기울어 이야기도 했을 거고, 입맞춤을 하려다가 들켜서 튕겨나가듯 떨어져 나가듯 멀어졌다가 다시 가까이에서 걸어가기도 했을 것이다.

또 서로 마주보고 서 있기도 하고, 한 줄의 발자국이 보이지 않는 부분에서는 업고 걸어갔을 것이며, 업는 것은 설레는 가슴과 가슴을 포개는 것이고, 업혀가면서 귓속말을 하고, 장래를 약속했을 것이라는 추정이 재미있다. "삐뚤삐뚤"한 발자국을 남기며 걸어간 두 줄의 발자국에서 연애를 읽어내는 시인의 상상력과 표현력이 가히 아름답다.

이런 말 쓰임은 시집의 편 편에 나타난다. 이를테면 들풀의 파란 모습을 가스레인지 불꽃으로 비유한 시 〈들풀〉에서는 "이제 머지않아/ 익는 냄새 세상 가득 봄꽃처럼 번지겠다/ 여름 아지랑이 김처럼 모락모락 피어오르고/ 늦가을 모과만큼 잘 익어 펄펄 끓어 넘치면, 저 불꽃/ 단풍으로 확 피어올랐다가는 푹 사그라지고/ 둘러앉은 대화 눈송이처럼 달보드레 따습겠다"는 문장이 다정하고 아름답다.

3.

가정은 부부 단위를 기초로 한다. 대개 한 가정은 기초인 부부와 부부 사이에 탄생하는 아이들로 구성된다. 그래서 한국의 보편적 가구모형은 오랫동안 부부와 자식 둘을 합쳐 4인 가구였다. 그러나 최근에 일인 가구 수가 4인 가구 수를 역전시켰다고 한다. 이런저런 사정으로 가정이 깨지거나, 가정을 구성하지 못해서다. 그중 가장 큰 것이 경제적인 것으로 나타났다. 신현복은 가정의 기초인 부부애를 여러 편의 시에 은근히 과시한다.

두루마리 휴지 좀 사 오라기에
동네슈퍼에 들렀는데요, 종류도 많고
가격차도 생각보다 컸습니다, 전화해서
어떤 거 사느냐고 묻고서야 골랐네요
들른 김에 빨래 세제도 하나 사오랍니다
그냥 또 알았다고 답하고 끊었는데
세재 역시도 종류가 여럿이데요
다시 또 전화해 묻고 나서 샀습니다
허허 두루마리 휴지, 빨래 세제 하나도
물어보고서야 살 수 있으면서, 그간
온갖 아는 척은 혼자 다 했네요
잘난 체 어지간히 해대며
살아왔습니다 그려, 복이 많은 집
잘 풀리는 집 하루 이틀
한두 번 쓰는 휴지도 아닌데
이렇더란 말입니다요

－「자화상」 전문

가끔은 등 돌려 눕기도 하지만

여전히 한 침대를 쓰고
새벽 외출에도 핸드폰 알람
함께 맞춰놓고 눈 비비며 일어나
옷 꺼내주고 소지품 챙겨주고
현관까지 따라 나와 눈 맞춰주는 게
여간 녹녹한 일 아니라는 거
다른 사람들 얘기를
들어 알지요

밖에서 얘기할 땐
어림 택도 없는 척합니다
욕, 바가지로 먹거든요
속으론 아주 고마운 마음입니다
나도 뒤척이며 밤잠 설치면
'당신도 이젠 갱년기네요, 갱년기'
뭐랄까 그래 쌤통이라는 듯
실실 웃을 때는
괜히 섭섭하기도 하고
조금 얄밉기도
합니다만

– 「갱년기」 전문

인용한 〈자화상〉에서 화자 부부의 자연스런 역할분담을 추정할 수 있다. 보편적 가정의 사례이다. 이 시는 화자의 행위를 통해서 부부애를 되비쳐 준다. 두루마리 휴지를 화자에게 사오라고 명령하는 것도, 화자가 어느 것을 사야 될지 전화해서 다시 물어보는 상대도 숨어 있는 아내다. 가사의 대부분을 장악하고 있는 아내와 번복되는 소통을 통해 화자의 집이 "복이 많은 집/ 잘 풀리는 집"이라는 것을 알 수 있다.

집에서 항상 사용하는 휴지를 사러가서 어느 것을 사야 될지 모르는 것은, 집안 생활의 세심한 부분에 무관심했다는 화자 자신의 고백이다. 그래서 동네 슈퍼에 가서 휴지 하나를 사는 데도 아내에게 물어야 하고, 빨래 세재를 사는 데도 물어야 하는, 이러한 일상에 무지하면서도 자신은 "온갖 아는 척은 혼자 다 했어요"라고 고백한다. 애정 어린 자아비판이다. 대부분의 남편들이 겪는 일화를 은근한 부부애로 드러내고 있다.

갱년기는 생리 변화를 맞은 여성에게 찾아오는 것이다. 화자는 여느 부부처럼 한 침대를 사용하면서 가끔은 불화하여 등을 돌려 눕기도 한다. 아내는 화자가 새벽에 외출을 할 때도 핸드폰 알람을 함께 맞춰놓거나, 눈을 비비며 일어나서 옷과 소지품을 챙겨준다. 현관까지 따라 나와 눈을 맞춰준다. 이런 아내의 일이 "여간 녹녹한 일"이 아니라는 것을 화자는 안다고 한다.

그러나 아내는 집안에서 일어나는 일을 밖에서 표현하는 것을 꺼려한다. 화자가 침대에서 뒤척이며 밤잠을 설칠 때 아내는 "당신도 이젠 갱년기네요, 갱년기"하며 핀잔을 주기도 하고, 화자를 향해 실실 웃어대며 화자를 섭섭하게 하기도 한다. 화자는 아내가 약간 얄밉다고 하지만, 이 또한 애정의 다른 표현이다.

4.

신현복 시의 서정성은 유년의 시골이라는 내면화된 고향 체험이 시의 곳곳에 표출되면서 가압된다. 시편의 곳곳마다 시골의 풍경으로 사물로, 사건으로 발현되고 있는 것이다. 시인의 유년 체험은 현재의 사건과 사물과 만나 시적 형상을 이루는데, 내면화된 시인의 체험은 시적 형상화 과정에서 일정한 방식으로 시를 구성하는 촉매제 역할을 하는 것이다. 이것이 반복되고 정형화가 되면 시인의 개성으로 정착하는 것이다.

> 성묘 가는 길옆이라 들러
> 겨우 마트에서 산 사과 한 상자
> 내렸는데, 한 해치의 땀
> 쌀 한 포, 마늘 한 접, 곱게 말린
> 시래기도 한 다발 싣는다
> 잠깐만, 부리나케 뛰어들어가
> 가지런히 썬 떡국까지 한 봉 내오며
> 잠깐 들어가 밥 한 그릇 하고 가면
> 세상에 좋으련만 서운해서 어떻헌댜
> 애들은 이제 다 컸지 아녀 내 정신 좀 봐
> 그려, 차 막히기 전에 얼른 출발 혀
> 피붙이 보내듯 손짓 애틋하다
> 세상에나 손해를 보고서도
> 이렇게 환하게 웃는 미련퉁이가
> 세상에 또 어디 있을까
> 미련퉁이, 여전히 그 자리에
> 서 있는 사이드미러 속
> 저, 미련 곰탱이
>
> –「정」 전문

밟히며 살고 싶은 생이 어디 있으랴.

유년 시절, 마을 길바닥 어디에서나 볼 수 있었던 질경이가 보이지 않는다. 장작골집 언덕배기 비탈길, 간사지 지나 뱃말 원뚝길, 교회당 아래 밭가운데집 꾸불꾸불 두렁길, 밟히고 또 밟혀도 납작 그리 무성했던 그 억척 질경이가 길에서 사라졌다.

고향 마을 길 곳곳 한나절을 다 돌아도 거의 보이지 않는다. 장작골집 상철이 엄마, 뱃말 영길이 엄마, 밭가운데집 은숙이 엄마, 척박한 땅 그 질기디질긴 질경이 생들이 다 사라졌다.

울 엄마도 사라졌다.
산모퉁이 양지바른 터 질경이가 휜칠하다.

– 「질경이가 사라졌다」 전문

아마 시골, 고향의 사람 관계를 한마디로 표현하면 '정'일 것이다. 정은 인정의 다른 말이다. 정은 자기를 퍼줌이고 비워줌이다. 정은 감정의 낭비나 손해가 아니다. 대부분 시골의 인간관계가 그렇다. 그것이 인심으로 나타난다. 그 사람이나 마을, 도시의 인심이 좋다 나쁘다는 그곳 사람들의 마음 씀씀이를 나타낸다. 인정은 물질로 구체화된다.

시 〈정〉에서 화자는 고향에 성묘 가는 길이다. 길옆에 사는 동네사람 집을 지나가면서 시골 마트에서 산 사과 한 상자를 내려준다. 도시에 나와 사는 시골 출신들이 고향에 들릴 때 흔히 하는 방문과 인사방식이다. 그러자 시골집 주인은 쌀 한 포와 마늘 한 접과 말린 시래기를 실어준다.

그것도 모자란 지 떡국 떡까지 한 봉지 내다주며 들어가서 밥을 먹고 가라고 한다. 인사치레일수도 있고, 실제로 그렇기도 하다.

그러나 밥을 먹고 왔거나 먹을 시간이 없다고 사양하면, 서운하다고 한다. 집안의 안부도 묻는다. 집안은 편안하고 아이가 건강하고 직장에 다니던 사업을 하던 하는 일은 잘 되지?라고 긍정적으로 묻는다. 물음에는 기도와 기원이 함께 들어 있다. 집안의 편안함과 가족의 건강과 사업이나 직장의 안정을 바라는 것이다. 그러면서 상대를 배려해 차가 막히니 얼른 가라고 한다.

화자가 사과 한 상자를 유년기 청년기를 보내며 얼굴을 익힌 동네 어른에게 인사치레로 드리고, 동네 어른은 자신이 지은 농산물을 더 많이 되돌려준다. 그러면서 떠나는 화자를 향해 흔드는 손이 "피붙이 보내듯 손짓 애틋하다". 시골에서 정 나눔의 구체적 방식이다. 각박한 도시에 살면서 경쟁에 시달리고 주는 것만큼 받는 기브 앤 테이크 방식에 길들여진 화자로서는 시골 노인이 "미련통이" "미련곰탱이"일 수밖에 없다.

이런 '아름다운 미련통이'가 사는 화자의 고향에는 질경이가 많았다. 해설자 역시 유년시절에 시골에서 어머니가 쌀을 섞어 끓여주는 질경이죽을 먹은 기억이 생생하다. 구수한 냄새까지 기억난다. 질경이의 역사는 일제침략기와 한국전쟁을 어렵게 버텨온 세대와 그 자식세대의 음식으로 표징 되는 역사다. 동시에 질경이는 민중, 즉 항상 지배자의 압박에 시달리는, 시달리면서도 살아내는 서민의 비유이고 관습적 상징이 된지 오래다.

시인은 시 〈질경이가 사라졌다〉에서 “밟히며 살고 싶은 생이 어디 있을랴.”라며 질경이를 밟히며 사는 사람들로 비유하고 있다. 비유가 명료하다. 화자는 유년시절에 마을 길바닥 어디서나 질경이를 볼 수 있었다고 한다. 구체적 장소로는 “장작골집 언덕배기 비탈길”이나 “간사지 지나 뱃말 원둑길”, 그리고 “교회당 아래 밭가운데집 꾸불꾸불한 두렁길”에서 무성했다고 한다. 이런 표현의 세밀함이 신현복 시의 장점이다.

그런데 지금은 그 많던 질경이가 보이지 않는다는 것이다. 밟히고 밟혀도 무성했던 억척스런 질경이가 길에서 사라졌다는 것이다. 고향 마을길 곳곳을 한나절이나 돌아다녀도 거의 보이지 않는다는 것이다. 여기까지 읽으면 질경이가 사라진 이유가 궁금해진다. 그리고 대부분 독자는 뻔한 추측을 하게 된다. 아마 시골에서 무분별하게 뿌려대는 제초제 때문이겠지 하고. 그런데 시를 더 읽어가다 보면 그게 아니다. 독자 기대 배반이다.

질경이는 바로 고향 마을의 사람들을 비유하고 있는 것이다. 질경이는 장작골집 상철이 엄마이며, 뱃말 영길이 엄마이고, 밭가운데집 은숙이 엄마인 것이다. 동시에 화자의 어머니인 것이다. 그동안 척박한 땅에서 살아온 질기디질긴 사람들인 것이다. 화자의 엄마를 포함한 이들, 질경이들은 병이나 고령으로 돌아가시면서 고향 땅에서 사라진 것이다. 구체적 장소와 인명을 통해 시의 의미와 울림이 큰 시다.

5.

신현복 시집의 시편들을 읽어가면서, 시인의 말 쓰임과 말 부림이 맑고 깨끗하며, 유년의 고향 체험에서 체득한 정서를 바탕으로 비유와 진술에서 서정의 풍만함과 행복감을 느꼈다. 또 따뜻한 인간관계나 은근한 부부애를 형상한 여러 시편들을 곳곳에서 만나는 즐거움도 있었다. 문장이 곧 그 사람인 것처럼, 그의 맑고 환하고 깨끗하고 부드럽고 따뜻한 마음이 압축된 시 문장처럼, 그의 심성과 인간됨도 맑고 환하고 깨끗하고 부드럽고 따뜻할 것이라는 확신이 든다.

더하여, 밭에서 된서리를 맞고 서 있는 "깡마른 고춧대가/희멀건 고추 몇 개 매달고/된서리 맞아 더욱 고단하지만/여전히 꿋꿋하게 텃밭에 서 있다/나도 모르게 뒷산/바라보며/혼잣말 했다" 깡마른 고춧대를 보고 "당신도 충분히/ 최선을 다했습니다"라고 시골체험과 정서를 인생으로 환유하여 형상한 〈상강〉, 시인의 유유자적하고 여여하고 허여한 심사가 드러나는 〈천리포〉, 정치와 정치인을 풍자적으로 비판한 〈투표옹호론〉, 접촉사고로 말싸움을 하는 사람을 보고 "따뜻한 오뎅 국물 같은/ 말간 말 한 그릇 개운하게/ 마시고 싶다"며 따뜻한 사람 관계의 중요성을 형상한 〈한파〉. 향일암에 신년 일출을 보면서 복을 빌러 와서 북새통으로 난리를 치는 바람에 "도로아미타불"이 되었다고 풍자한 〈향일암에서〉, 자기중심의 잔머리 굴리기 삶을 '자기 풍자' 한 〈운수좋은 날2〉, "봄을 맛깔나게 즐기기까지/ 극한의 노동을 마다치 않고/ 겨우내 봄을 양식하는/ 삶들이 있구나" 하고 깨닫는 〈봄을 양식하다〉 등 좋은 시들이 더 분석되고 해설되어야 하지만 지면상 줄여야 하는 것이 아쉬울 뿐이다.

이 좋은 시집이 많은 독자들을 만나길 기원한다.*

국립중앙도서관 출판예정도서목록(CIP)

환한 말 : 신현복 시집 / 지은이: 신현복. -- 서울 : 다시올
, 2018
p. ; cm. -- (다시올 시선 ; 030)

ISBN 978-89-94414-85-0 03810 : ₩10000

한국 현대시[韓國現代詩]

811.7-KDC6
895.715-DDC23 CIP2018038681

Sin Hyeonbok

다시올 시선 030

환한 말

초판1쇄 펴낸날 | 2018년 12월 1일
초판2쇄 펴낸날 | 2019년 3월 20일

출판등록 | 제310-2007-00028

지은이 | 신현복
펴낸이 | 김영은
펴낸곳 | 다시올

주 소 | 서울 노원구 광운로 32, 지층1호
전 화 | 031-836-5941
팩 스 | 031-855-5941
메 일 | maxim3515@naver.com

ISBN 978-89-94414-85-0 03810

정가 10,000원